# 세월이 가면

박인환 외

와이 앤 엠

# 차례

## 어린 딸에게

기총과 포성의 요란함을 받아가면서
너는 세상에 태어났다 주검의 세계로
그리하여 너는 잘 울지도 못하고
힘없이 자란다.

엄마는 너를 껴안고 3개월간에
일곱 번이나 이사를 했다.

서울에 피의 비와
눈 바람이 섞여 추위가 닥쳐오던 날
너는 입은 옷도 없이 벌거숭이로
화차 위 별을 헤아리면서 남으로 왔다.

나의 어린 딸이여 고통스러워도 애소도 없이
그대로 젖만 먹고 웃으며 자라는 너는
무엇을 그리 우느냐.

너의 호수처럼 푸른 눈
지금 멀리 적을 격멸하러 바늘처럼 가느다란
기계는 간다. 그러나 그림자는 없다.

엄마는 전쟁이 끝나면 너를 호강시킨다 하나
언제 전쟁이 끝날 것이며
나의 어린 딸이여 너는 언제까지나
행복할 것인가.

전쟁이 끝나면 너는 더욱 자라고
우리들이 서울에 남은 집에 돌아갈 적에
너는 네가 어데서 태어났는지도 모르는
그런 계집애.

나의 어린 딸이여
너의 고향과 너의 나라가 어데 있느냐
그때까지 너에게 알려줄 사람이
살아 있을 것인가.

## 한 줄기 눈물도 없이

음산한 잡초가 무성한 들판에
용사가 누워 있었다.
구름 속에 장미가 피고
비둘기는 야전병원 지붕 위에서 울었다.

존엄한 죽음을 기다리는
용사는 대열을 지어
전선으로 나가는 뜨거운 구두 소리를 듣는다.
아 창문을 닫으시오.

고지 탈환전

제트기 박격포 수류탄

어머니! 마지막 그가 부를 때

하늘에서 비가 내리기 시작했다.


옛날은 화려한 그림책

한 장 한 장마다 그리운 이야기

만세 소리도 없이 떠나

흰 붕대에 감겨

그는 남모르는 토지에서 죽는다.

한 줄기 눈물도 없이
인간이라는 이름으로서
그는 피와 청춘을
자유를 위해 바쳤다.

음산한 잡초가 무성한 들판엔
지금 찾아오는 사람도 없나.

## 잠을 이루지 못하는 밤

넓고 개체 많은 토지에서
나는 더욱 고독하였다.
힘없이 집에 돌아오면 세 사람의 가족이
나를 쳐다보았다. 그러나
나는 차디찬 벽에 붙어 회상에 잠긴다.

전쟁 때문에 나의 재산과 친우가 떠났다.
인간의 이지를 위한 서적 그것은 잿더미가 되고
지난날의 영광도 날아가버렸다.
그렇게 다정했던 친우도 서로 갈라지고
간혹 이름을 불러도 울림조차 없다.
오늘도 비행기의 폭음이 귀에 잠겨
잠이 오지 않는다.

잠을 이루지 못하는 밤을 위해 시를 읽으면
공백한 종이 위에
그의 부드럽고 원만하던 얼굴이 환상처럼 어린다.

미래에의 기약도 없이 흩어진 친우는
공산주의자에게 납치되었다.
그는 사자만이 갖는 속도로
고뇌의 세계에서 탈주하였으리라.

정의의 전쟁은 나로 하여금 잠을 깨운다.
오래도록 나는 망각의 피안에서 술을 마셨다.
하루하루가 나에게 있어서는
비참한 축제이었다.

그러나 부단한 자유의 이름으로서
우리의 뜰 앞에서 벌어진 싸움을 통찰할 때
나는 내 출발이 늦은 것을 고한다.

나의 재산······이것은 부스럭지
나의 생명······이것도 부스럭지
아 파멸한다는 것이 얼마나 위대한 일이냐.


마음은 옛과는 다르다. 그러나
내게 달린 가족을 위해 나는 참으로 비겁하다.
그에게 나는 왜 머리를 숙이며 왜 떠드는 것일까.
나는 나의 말로를 바라본다.
그리하여 나는 혼자서 운다.


이 넓고 개체 많은 토지에서
나만이 지각이다.
언제 죽을지도 모르는 나는
생에 한없는 애착을 갖는다.

## 부드러운 목소리로 이야기할 때

나는 언제나 샘물처럼 흐르는
그러한 인생의 복판에 서서
전쟁이나 금전이나 나를 괴롭히는 물상과
부드러운 목소리로 이야기할 때
한 줄기 소낙비는 나의 얼굴을 적신다.

진정코 내가 바라던 하늘과 그 계절은
푸르고 맑은 내 가슴을 눈물로 스치고
한때 청춘과 바꾼 반항도
이젠 서적처럼 불타버렸다.

가고 오는 그러한 제상과 평범 속에서
술과 어지러움을 한하는 나는
어느 해 여름처럼 공포에 시달려
지금은 하염없이 죽는다.

사라진 일체의 나의 애욕아
지금 형태도 없이 정신을 잃고
이 쓸쓸한 들판
아니 이즈러진 길목 처마 끝에서
부드러운 목소리로 이야기한들
우리들 또다시 살아나갈 것인가.


정막처럼 잔잔한
그러한 인생의 복판에 서서
여러 남녀와 군인과 또는 학생과
이처럼 쇠퇴한 철없는 시인이
불안이다 또는 황폐롭다
부드러운 목소리로 이야기한들
광막한 나와 그대들의 기나긴 종말의 노정은
예나 지금이나 변함없노라.

오 난해한 세계
복잡한 생활 속에서
이처럼 알기 쉬운 몇 줄의 시와
말라버린 나의 쓰디쓴 기억을 위하여

전쟁이나 사나운 애정을 잊고
넓고도 간혹 좁은 인간의 단상에 서서
내가 부드러운 목소리로 이야기할 때
우리는 서로 만난 것을 탓할 것인가
우리는 서로 헤어질 것을 원할 것인가.

# 검은 강

신이란 이름으로서
우리는 최종의 노정을 찾아보았다.


어느 날 역전에서 들려오는
군대의 합창을 귀에 받으며
우리는 죽으러 가는 자와는
반대 방향의 열차에 앉아
정욕처럼 피폐한 소설에 눈을 흘겼다.


지금 바람처럼 교차하는 지대
거기엔 일체의 불순한 욕망이 반사되고
농부의 아들은 표정도 없이
폭음과 초연이 가득 찬
생과 사의 경지에 떠난다.

달은 정막보다도 더욱 처량하다.
멀리 우리의 시선을 집중한
인간의 피로 이루운
자유의 성채
그것은 우리와 같이 퇴각하는 자와는 관련이 없었다.

신이란 이름으로서
우리는 저 날 속에
암담한 검은 강이 흐르는 것을 보았다.

## 고향에 가서

갈대만이 한없이 무성한 토지가
지금은 내 고향.


산과 강물은 어느 날의 회화
피 묻은 전신주 위에
태극기 또는 작업모가 걸렸다.
학교도 군청도 내 집도
무수한 포탄의 작렬과 함께
세상엔 없다.

인간이 사라진 고독한 신의 토지
거기 나는 동상처럼 서 있었다.
내 귓전엔 싸늘한 바람이 설레이고
그림자는 망령과도 같이 무섭다.

어려서 그땐 확실히 평화로왔다.
운동장을 뛰다니며
미래와 살던 나와 내 동무들은
지금은 없고
연기 한 줄기 나지 않는다.

황혼 속으로
감상 속으로
차는 달린다.
가슴속에 흐느끼는 갈대의 소리
그것은 비창한 합창과도 같다.


밝은 달빛
은하수와 토끼
고향은 어려서 노래 부르던
그것뿐이다.


비 내리는 사경의 십자가와
아메리카 공병이
나에게 손짓을 해준다.

# 신호탄

-수색대장 K중위는 신호탄을 올리며
적병 30명과 함께 죽었다. 1951년 1월


위기와 영광을 고할 때
신호탄은 터진다.
바람과 함께 살던 유년도
떠나간 행복의 시간도
무거운 복잡에서
더욱 단순으로 순화하여 버린다.


옛날 식민지의 아들로
검은 땅덩어리를 밟고
그는 주검을 피해
태양 없는 처마 끝을 걸었다.

어두운 밤이여
마지막 작별의 노래를
그 무엇으로 표현하였는가.
슬픈 인간의 유형을 벗어나
참다운 해방을
그는 무엇으로 신호하였는가.


"적을 쏘라
침략자 공산군을 사격해라.
내 몸뚱어리가 벌집처럼 터지고
뻘건 피로 화할 때까지
자장가를 불러주신 어머니
어머니 나를 중심으로 한 주변에
기총을 소사하시오. 적은 나를 둘러쌌소."

생과 사의 눈부신 외접선을 그으며

하늘에 구멍을 뚫은 신호탄

그가 침묵한 후

구멍으로 끊임없이 비가 내렸다.

단순에서 더욱 주검으로

그는 나와 자유의 그늘에서 산다.

# 무도회

연기와 여자들 틈에 끼어
나는 무도회에 나갔다.


밤이 새도록 나는 광란의 춤을 추었다.
어떤 시체를 안고.


황제는 불안한 샹들리에와 함께 있었고
모든 물체는 회전하였다.


눈을 뜨니 운하는 흘렀다.
술보다 더욱 진한 피가 흘렀다.

이 시간 전쟁은 나와 관련이 없다.
광란된 의식과 불모의 육체····그리고
일방적인 대화로 충만된 나의 무도회
나는 더욱 밤 속에 가라앉아 간다.
석고의 여자를 힘 있게 껴안고

새벽에 돌아가는 길 나는 내 친우가
전사한 통지를 받았다.

## 서부전선에서

-윤을수 신부에게


싸움이 다른 곳으로 이동한

이 작은 도시에

연기가 오른다.

총소리가 들린다.

희망의 내일이 오는가.

비참한 내일이 오는가,

아무도 확언하는 사람은 없었다.


그러나 연기 나는 집에는

흩어진 가족이 모여들었고

비 내린 황톳길을 걸어

여러 성직자는 옛날 교구로 돌아왔다.

"신이여 우리의 미래를 약속하시오.
회환과 불안에 얽매인 우리에게 행복을 주시오"
주민은 오직 이것만을 원한다.

군대는 북으로 북으로 갔다.
토막에서도 웃음이 들린다.
비둘기들이 화창한
봄의 햇볕을 쏘인다.

## 새로운 결의를 위하여

나의 나라 나의 마을 사람들은
아무 회한도 거리낌도 없이 그저
적의 침략을 쳐부수기 위하여
신부와 그의 집을 뒤에 남기고
건조한 산악에서 싸웠다 그래서
그들의 운명은 노호했다.
그들에겐 언제나 축복된 시간이 있었으나
최초의 피는 장미와 같이 가슴에서 흘렀다.
새로운 역사를 찾기 위한
오랜 침묵과 명상 그러나
죽은 자와 날개 없는 승리
이런 것을 나는 믿고 싶지가 않다.

더욱 세월이 흘렀다고 하자

누가 그들을 기억할 것이냐.

단지 자유라는 것만이 남아 있는 거리와

용사의 마을에서는

신부는 늙고 아비 없는 어린것들은

풀과 같이

바람 속에서 자란다.


옛날이 아니라 그저 절실한 어제의 이야기

침략자는 아직도 살아있고

싸우러 나간 사람은 돌아오지 않고

무거운 공포의 시대는 우리를 지배한다.

아 복종과 다름이 없는 지금의 시간

의의를 잃는 싸움의 보람

나의 분노와 남아 있는 인간의 설움은

하늘을 찌른다.

폐허와 배고픈 거리에는
지나간 싸움을 비웃듯이 비가 내리고
우리들은 울고 있다.
어찌하여?
소기의 것은 아무것도 얻지 못했다.
원수들은 아직도 살아 있지 않은가.

# 이 거리는 환영한다
-반공 청년에게 주는 노래


어느 문이나
열리어 있다
식탁 위에
장미와 술이
흐르고

깨끗한 옷도
걸려 있다.
이 거리에는
채찍도
철조망도
설득 공작도
없다

이 거리에는

독재도

모해도

강제노동도

없다

가고 싶은

거리에서

거리에로

가라

어데서나

가난한

이 민족

따스한 표정으로


어데서나

서러운

그대들의

지나간 질곡을
위로할 것이니
가고 싶은
거리에서
네활개 치고
가라
이 거리는
찬란한 자유의
고장

이 거리의
그대들의
새로운 출발점
이제 또다시
막을 자는
아무도 없다

넓은 하늘
저 구름처럼
자유롭게
또한 뭉쳐 흘러라

어느 문이나
열리어 있다
깨끗한 옷에
장미를 꽂고
술을 마셔라

## 어떠한 날까지
### -이 중위의 만가를 대신하여

-형님 저는 담배를
피우게 되었습니다-
이런 이야기를 하던 날
바다가 반사된 하늘에서
평면의 심장을 뒤흔드는
가늘한 기계의 비녕이 틀여왔나
20세의 해병대 중위는
담배를 피우듯이
태연한 작별을 했다.

그는 서부 전선 무명의 계곡에서
복잡으로부터
단순을 지향하던 날
운명의 부질함과
생명과 그 애정을 위하여
나는 이단의 술을 마셨다.

우리의 일상과 신변에

우리의 그림자는

명확한 위기를 말한다나와 싸움과 자유

의 한계는

가까우면서도

망원경이 아니면 알 수 없는

생명의 고집에 젖어버렸다

주검이여

회한과 내성의 절박한 시간이여

적은 바로

나와 나의 일상과 그림자를 말한다.

연기와 같은 검은 피를 토하며····

안개 자욱한 젊은 연령의 음영에····

청춘과

자유의 존엄을 제시한

영원한 미성년

우리의 처참한 기억이

어떠한 날까지 이어갈 때

싸움과 난질의 들판에서

나는 홀로 이단의 존재처럼

떨고 있음을 투시한다.

## 목마와 숙녀

한 잔의 술을 마시고
우리는 버지니아 울프의 생애와
목마를 타고 떠난 숙녀의 옷자락을 이야기한다.
목마는 주인을 버리고 거저 방울 소리만 울리며
가을 속으로 떠났다 술병에서 별이 떨어진다
상심한 별은 내 가슴에 가벼웁게 부숴진다
그러한 잠시 내가 알던 소녀는
정원의 초목 옆에서 자라고
문학이 죽고 인생이 죽고
사랑의 진리마저 애증의 그림자를 버릴 때
목마를 탄 사랑의 사람은 보이지 않는다
세월은 가고 오는 것
한때는 고립을 피하여 시들어 가고
이제 우리는 작별하여야 한다
술병이 바람에 쓰러지는 소리를 들으며
늙은 여류 작가의 눈을 바라다보아야 한다.

····등대에····

불이 보이지 않아도

거저 간직한 페시미즘의 미래를 위하여

우리는 처량한 목마 소리를 기억하여야 한다.

모든 것이 떠나든 죽든

거저 가슴에 남은 희미한 의식을 붙잡고

우리는 버지니아 울프의 서러운 이야기를 들어야 한다.

두 개의 바위 틈을 지나 청춘을 찾은 뱀과 같이

눈을 뜨고 한 잔의 술을 마셔야 한다

인생은 외롭지도 않고

거저 잡지의 표지처럼 통속하거늘

한탄할 그 무엇이 무서워서 우리는 떠나는 것일까

목마는 하늘에 있고

방울 소리는 귓전에 철렁거리는데

가을바람 소리는

내 쓰러진 술병 속에서 목메어 우는데

## 세 사람의 가족

나와 나의 청순한 아내
여름날 순백한 결혼식이 끝나고
우리는 유행품으로 화려한
상품의 쇼윈도를 바라보며 걸었다.

전쟁이 머물고
평온한 지평에서
모두의 단편적인 기억이
비둘기의 날개처럼 솟아나는 틈을 타서
우리는 내성과 회환에의 여행을 떠났다.

평범한 수확의 가을
겨울은 백합처럼 향기를 풍기고 온다.
죽은 사람들은 싸늘한 흙 속에 묻히고
우리의 가족은 세 사람.

토르소의 그늘 밑에서
나의 불운한 편력인 일기책이 떨고
그 하나하나의 지면은
음울한 회상의 지대로 날아갔다.

아 창백한 세상과 나의 생애에
종말이 오기 전에
나는 고독한 피로에서
빙화처럼 잠들은 지나간 세월을 의해
시를 써본다.

그러나 창밖

암담한 상가

고통과 구토가 동결된 밤의 쇼윈도

그 곁에는

절망과 기아의 행렬이 밤을 새우고

내일이 온다면

이 정막의 거리에 폭풍이 분다.

## 최후의 회화

아무 잡음도 없이 멸망하는
도시의 그림자
무수한 인상과
전환하는 연대의 그늘에서
아 영원히 흘러가는 것
신문지의 경사에 얽혀진
그러한 불안의 격투.

함부로 개최되는 주장의 사육제
흑인의 트럼펫
구라파 신부의 비명
정신의 황제!
내 비밀을 누가 압니까?
체험만이 늘고
실내는 잔잔한 이러한
환영의 침대에서.

회상의 기원
오욕의 도시
황혼의 망명객
검은 외투에 목을 굽히면
들려오는 것.

아 영원히 듣기 싫은 것
쉬어빠진 진혼가
오늘의 폐허에서
우리는 또다시 만날 수 있을까
1950년의 사절단.

병든 배경의 바다에
국화가 피었다
폐쇄된 대학의 정원은
지금은 묘지
회화와 이성의 뒤에 오는 것
술 취한 수부의 팔목에 끼여
파도처럼 밀려드는
불안한 최후의 회화.

# 낙하

미끄럼판에서
나는 고독한 아킬레스처럼
불안의 깃발 날리는
땅 위에 떨어졌다.
머리 위의 별을 헤아리면서

그 후 20년
나는 운명의 공원 뒷담 밑으로
영속된 죄의 그림자를 따랐다.
아 영원히 반복되는
미끄럼판의 승강
친근에의 증오와 또한
불행과 비참과 굴욕에의 반항도 잊고
연기 흐르는 쪽으로 달려가면
오욕의 지난날이 나를 더욱 괴롭힐 뿐.

멀리선 회색 사면과
불안한 밤의 전쟁
인류의 상흔과 고뇌만이 늘고
아무도 인식하지 못할
망각의 이 지상에서
더욱더욱 가라앉아 간다.


처음 미끄럼판에서
내리달린 쾌감도
미지의 숲속을
나의 청춘과 도주하던 시간도
나의 낙하하는
비극의 그늘에 있다.

## 영원한 일요일

날개 없는 여신이 죽어버린 아침
나는 폭풍에 싸여
주검의 일요일을 올라간다.

파란 의상을 감은 목사와
죽어가는 놈의
숨가쁜 울음을 따라
비탈에서 절름거리며 오는
나의 형제들.
절망과 자유로운
모든 것을‥‥.

싸늘한 교외의 사구에서
모진 소낙비에 으끄러지며
자라지 못하는 유용식물

낡은 회귀의 공포와 함께
예절처럼 떠나버리는 태양.


수인이여
지금은 희미한 철형의 시간
오늘은 일요일
너희들은 다행하게도
다음 날에의
비밀을 갖지 못했다.
절름거리며 교회에 모인 사람과
수족이 완전함에 불구하고
복음도 축수도 없이
떠나가는 사람과


상풍된 사람들이여
영원한 일요일이여

## 회상의 긴 계곡

아름답고 사랑처럼 무한히 슬픈
회상의 긴 계곡
그랜드 쇼우처럼 인간의 운명이 히물어지고
검은 연기여 올라라
검은 환영이여 살아라.

안개 내린 시야에
신부의 베일인가 가늘은 생명의 연속이
최후의 송가와
불안한 발걸음에 맞추어
어데로인가
황폐한 토지의 외부로 떠나가는데
울음으로서 죽음을 대치하는
수없는 악기들은
고요한 이 계곡에서 더욱 서럽다.

강기슭에서 기약할 것 없이 쓰러지는

하루만의 인생

화려한 욕망

여권은 산산이 찢어지고

낙엽처럼 길 위에 떨어지는

캘린더의 향수를 안고

자전거의 소녀여 나와 오늘을 살자.


군인이 피워 물던

물뿌리와 검은 연기의 인상과

위기에 가득 찬 세계의 변경

이 회상의 긴 계곡 속에서도

열을 지어 죽음의 비탈을 지나는

서럽고 또한 환상에 속은

어리석은 영원한 순교자.

우리들.

## 일곱 개의 층계

가만히 눈을 감고 생각하니
지난 하루하루가 무서웠다.
무엇이나 거리낌없이 말했고
아무에게나 협의해 본 일이 없던
불행한 연대였다.


비가 줄줄 내리는 새벽
바로 그때이다
죽어간 청춘이
땅속에서 솟아나오는 것이····
그러나 나는 뛰어들어
서슴없이 어깨를 거느리고
악수한 채 피묻은 손목으로
우리는 암담한 일곱 개의 층계를 내려갔다.


《인간의 조건》의 앙드레 말로

《아름다운 지구》의 아라공

모두들 나와 허물없던 우인

황혼이면 피곤한 육체로

우리의 개념이 즐거이 이름 불렀던

'정신과 관련의 호텔' 에서

말로는 이 빠진 정부와

아라공은 절름발이 사상과

나는 이들을 응시하면서 ‥‥

이러한 바람의 낮과 애욕의 밤이

회상의 사진처럼

부질하게 내 눈앞에 오고 간다.

또 다른 그날

가로수 그늘에서 울던 아이는

옛날 강가에 내가 버린 영아

쓰러지는 건물 아래

슬픔에 죽어가던 소녀도

오늘 환상처럼 살았다

이름이 무엇인지

나라를 애태우는지

분별할 의식조차 내게는 없다

시달림과 증오의 육지

패배의 폭풍을 뚫고

나의 영원한 작별의 노래가

안개 속에 울리고

지난날의 무거운 회상을 더듬으며

벽에 귀를 기대면

머나먼

운명의 도시 한복판

희미한 달을 바라

울며 울며 일곱 개의 층계를 오르는

그 아이의 방향은

어데인가.

## 1953년의 여자에게

유행은 섭섭하게도
여자들에게서 떠났다.
왜?
그것은 스스로 기원을 찾기 위하여


어떠한 날
구름과 환상의 접경을 더듬으며
여자들은
불길한 옷자락을 벗어버린다.


회상의 푸른 물결처럼
고독은 세월에 살고
혼자서 흐느끼는
해변의 여신과도 같이
여자들은 완전한 시간을 본다.

황막한 연대여

거품과 같은 허영이여

그것은 깨어진 거울의 여윈 인상.


필요한 것과

소모의 비례를 위하여

전쟁은 여자들의 눈을 감시한다.

코르셋으로 침해된 건강은

또한 유행은 정신의 방향을 봉쇄한다.


여기서 최후의 길손을 바라볼 때

허약한 바늘처럼

바람에 쓰러지는

무수한 육체

그것은 카인의 정부보다

사나운 독을 풍긴다.

출발도 없이
종말도 없이
생명도 부질하게도
여자들에게서 어두움처럼 떠나는 것이다.
왜?
그것을 대답하기에는
너무도 준열한 사회가 있었다.

## 불행한 신

오늘 나는 모든 욕망과
사물에 작별하였습니다.
그래서 더욱 친한 죽음과 가까워집니다.
과거는 무수한 내일에
잠이 들었습니다.
불행한 신
어데서나 나와 함께 사는
불행한 신
당신은 나와 단둘이서
얼굴을 비벼대고 비밀을 터놓고
오해나
인간의 체험이나
고절된 의식에
후회하지 않을 것입니다.

또다시 우리는 결속되었습니다.

황제의 신하처럼 우리는 죽음을 약속합니다.

지금 저 광장의 전주처럼 우리는 존재됩니다.

쉴 새 없이 내 귀에 울려오는 것은

불행한 신 당신이 부르시는

폭풍입니다.

그러나 허망한 처지 사이를

내가 있고 엄연히 주검이 가로놓이고

불행한 당신이 있으므로

나는 최후의 안정을 즐깁니다.

## 검은 신이여

저 묘지에서 우는 사람은 누구입니까.

저 파괴된 건물에서 나오는 사람은 누구입니까.

검은 바다에서 연기처럼 꺼진 것은 무엇입니까.

인간의 내부에서 사멸된 것은 무엇입니까.

일년이 끝나고 그 다음에 시작되는 것은 무엇입니까.

전쟁이 뺏아간 나의 친우는 어데서 만날 수 있습니까

슬픔 대신에 나에게 죽음을 주시오.

인간을 대신하여 세상을 풍설로 뒤덮어주시오.

건물과 창백한 묘지 있던 자리에
꽃이 피지 않도록.


하루의 일년의 전쟁의 처참한 추억은
검은 신이여
그것은 당신의 주제일 것입니다.

## 미래의 창부
### —새로운 신에게

여윈 목소리로 바람과 함께
우리는 내일을 약속하지 않는다.
승객이 사라진 열차 안에서
오 그대 미래의 창부여
너의 희망은 나의 오해와
감흥만이다.

전쟁이 머물은 정원에
셀레이며 다가드는
불운한 편력의 사람들
그 속에 나의 청춘이 자고
절망이 살던
오 그대 미래의 창부여
너의 욕망은
나의 질투와 발광만이다.

향기 짙은 젖가슴을
총알로 구멍 내고
암흑의 지도 고절된 치마 끝을
피와 눈물과
최후의 생명으로 이끌며
오 그대 미래의 창부여
너의 목표는 나의 무덤인가.
너의 종말도 영원한 과거인가.

## 밤의 노래

정막한 가운데
인광처럼 비치는 무수한 눈
암흑의 지평은
자유에의 경계를 만든다.


사랑은 주검의 사면으로 달리고
취약하게 조직된
나의 내면은
지금은 고독한 술병.

밤은 이 어두운 밤은
안테나로 형성되었다.
구름과 감정의 경위도에서
나는 영원히 약속될
미래에의 절망에 관하여 이야기도 하였다.

또한 끝없이 들려오는 불안한 파장
내가 아는 단어와
나의 평범한 의식은
밝아올 날의 영역으로
위태롭게 인접되어 간다.

가느다란 노래도 없이
길목에선 갈대가 죽고
우거진 이신의 날개들이
깊은 밤
저 기아의 별을 향하여 작별한다.

고막을 깨뜨릴 듯이
날려오는 선짜
그것이 가끔 교회의 종소리에 합쳐
선을 그리며
내 가슴은 운석에 가라앉아 버린다

## 살아 있는 것이 있다면

현재의 시간과 과거의 시간은 거의 모두가
미래의 시간 속에 나타난다. (T. S. 엘리어트)


살아 있는 것이 있다면
그것은 나와 우리들의 죽음보다도
더한 냉혹하고 절실한
회상과 체험일지도 모른다.


살아 있는 것이 있다면
여러 차례의 살육에 복종한 생명보다도
더한 복수와 고독을 아는
고뇌와 저항일지도 모른다.

한걸음 한걸음 나는 허물어지는

정적과 초연의 도시 그 암흑 속으로····

명상과 또다시 오지 않을 영원한 내일로····

살아 있는 것이 있다면

유형의 애인처럼 손잡기 위하여

이미 소멸된 청춘의 반역을 회상하면서

회의와 불안만이 다정스러운

모멸의 오늘을 살아나간다.


····아 최후로 이 성자의 세계에

살아 있는 것이 있다면 분명히

그것은 속죄의 회화 속의 나녀와

회상도 고뇌도 이제는 망령에게 팔은

철없는 시인

나의 눈감지 못한

단순한 상태의 시체일 것이다····

## 불신의 사람

나는 바람이 길게 멈출 때
항구의 등불과
그 위대한 의지의 설움이
불멸의 씨를 뿌리는 것을 보았다.

폐에 밀려드는 싸늘한 물결처럼
불신의 사람과 망각의 잠을 이룬다.
피와 외로운 세월과
투영되는 일체의 환상과
시보다도 더욱 가난한 사랑과
떠나는 행복과 같이
속삭이는 바람과

오 공동묘지에서 퍼덕이는
시발과 종말의 깃발과
지금 밀폐된 이런 세계에서
권태롭게
우리는 무엇을 이야기하는가.

등불이 꺼진 항구에
마지막 조용한 의지의 비는 내리고
내 불신의 사람은 오지 않았다.
내 불신의 사람은 오지 않았다.

## 의혹의 기

얇은 고독처럼 퍼덕이는 기
그것은 주검과 관념의 거리를 알린다.


허망한 시간
또는 줄기찬 행운의 순시
우리는 도립된 석고처럼
불길을 바라볼 수 있었다.
낙엽처럼 싸움과 청년은 흩어지고
오늘과 그 미래는 확립된 사념이 없다.


바람 속의 내성
허나 우리는 죽음을 원하지 않는다.
피폐한 토지에선
한줄기 연기가 오르고
우리는 아무 말도 없이 눈을 감았다.

최후처럼 인상은 외롭다.

안구처럼 의욕은 숨길 수가 없다.

이러한 중간의 면적에

우리는 떨고 있으며

떨리는 깃발 속에

모든 인상과 의욕은 그 모습을 찾는다.


185···년의 여름과 가을에 걸쳐서

애정의 뱀은 어두움에서 암흑으로

세월과 함께 성숙하여 갔다.

그리하여 나는 비틀거리며

뱀이 들어간 길을 피했다.


잊을 수 없는 의혹의 기

잊을 수 없는 환상의 기

이러한 혼란된 의식 아래서

아폴론은 위기의 병을 껴안고

고갈된 세계에 가라앉아 간다.

## 눈을 뜨고도

우리들의 섬세한 추억에 관하여
확신할 수 있는 잠시
눈을 뜨고도
볼 수 없는 상태는 어찌할 수가 없었다.


진눈깨비처럼 아니
이지러진 사랑의 환영처럼
빛나면서도
암흑처럼 다가오는
오늘의 공포
거기 나의 기묘한 청춘은 자고
세월은 간다.

녹슬은 흉부에
잔잔한 물결에 회상과 회한은 없다.

푸른 하늘가를
기나긴 하계의 비는 내렸다.
겨레와 울던 감상의 날도
진실로
눈을 뜨고노 볼 수 없는 상태
우리는 결코
맹목의 시대에 살고 있는 것인가.
시력은 복종의 그늘을 찾고 있는 것인가.

지금 우수에 잠긴 현창에 기대어

살아 있는 자의 선택과

죽어간 놈의 침묵처럼

보이지 않으나 관능과 의지의

믿음만을 원하며

목을 굽히는 우리들

오 인간의 가치와

조용한 지면에 파묻힌 사자들

또 하나의 환상과

나의 불길한 혐오

참으로 조소로운 인간의 주검과

눈을 뜨고도

볼 수 없는 상태

얼마나 무서운 치욕이냐.

단지 존재와 부재의 사이에서

## 센티멘털 쟈니

주말 여행
엽서····낙엽
낡은 유행가의 설움에 맞추어
피폐한 소설을 읽던 소녀.

이태백의 달은
울고 떠나고
너는 벽화에 기대어
담배를 피우는 숙녀.

카프리 섬의 원정
파이프의 향기를 날려 보내라
이브는 내 마음에 살고
나는 그림자를 잡는다.

세월은 관념

독서는 위장

거저 죽기 싫은 예술가.


오늘이 가고 또 하루가 온들

도시에 분수는 시들고

어제와 지금의 사람은

전상유사를 모른다.


술을 마시면 즐겁고

비가 내리면 서럽고

분별이여 구분이여.

수목은 외롭다.
혼자 길을 가는 여자와 같이
정다운 것은 죽고
다리 아래 강은 흐른다.

지금 수목에서 떨어지는 엽서
긴 사연은
구름에 걸린 달 속에 묻히고
우리들은 여행을 떠난다.
주말 여행

별말씀
거저 옛날로 가는 것이다.

아 센티멘털 쟈니
센티멘털 쟈니

## 행복

노인은 육지에서 살았다.
하늘을 바라보며 담배를 피우고
시들은 풀잎에 앉아
손금도 보았다.
차 한 잔을 마시고
정사한 여자의 이야기를
신문에서 읽을 때
비둘기는 지붕 위에서 훨훨 날았다.
노인은 한숨도 쉬지 않고
더욱 아무것도 바라지 않으며
성서를 외우고 불을 끈다.
그는 행복이라는 것을 말하지 않았다.
거저 고요히 잠드는 것이다.

노인은 꿈을 꾼다.

여러 친구와 술을 나누고

그들이 죽음의 길을 바라보던 전날을.

노인은 입술에 미소를 띠우고

쓰디쓴 감정을 억제할 수가 있다.

그는 지금의 어떠한 순간도

증오할 수가 없다.

노인은 죽음을 원하기 전에

옛날이 더욱 영원한 것처럼 생각되며

자기와 가까이 있는 것이

멀어져 가는 것을

분간할 수가 있었다.

## 미스터 모의 생과 사

입술에 피를 바르고
미스터 모는 죽는다.

어두운 표본실에서
그의 생존시의 기억은
미스터 무의 여행을
기다리고 있었다.

원인도 없이
유산은 더욱 없이
미스터 모는 생과 작별하는 것이다.

일상이 그러한 것과 같이
주검은 친우와도 같이
다정스러웠다.

미스터 모의 생과 사는
신문이나 잡지의 대상이 못 된다.
오직 유식한 의학도의
일편의 소재로서
해부의 대에 그 여운을 남긴다.

무수한 촉광 아래
상흔은 확대되고
미스터 모는 죄가 많았다.
그의 청순한 아내
지금 행복은 의식의 중간을 흐르고 있다.

결코

평범한 그의 죽음을 비극이라 부를 수 없었다.

산산이 찢어진 불행과

결합된 생과 사와

이러한 고독의 존립을 피하며

미스터 모는

영원히 미소하는 심상을

손쉽게 잡을 수가 있었다.

## 거리

나의 시간에 스콜과 같은 슬픔이 있다.
붉은 지붕 밑으로 향수가 광선을 따라가고
한없이 아름다운 계절이
운하의 물결에 씻겨 갔다.

아무 말도 하지 말고
지나간 날의 통화를 음률에 맞춰
거리에 화액을 뿌리자
따뜻한 풀잎은 젊은 너의 탄력같이
밤을 지구 밖으로 끌고 간다.

지금 그곳에는 코코아의 시장이 있고
과실처럼 기억만을 아는 너의 음향이 들린다
소년들은 뒷골목을 지나 교회에 몸을 감춘다
아세틸렌 냄새는 내가 가는 곳마다
음영같이 따른다.

거리는 매일 맥박을 닮아 갔다.
베링 해안 같은 나의 마을이
떨어지는 꽃을 그리워한다.
황혼처럼 장식한 여인들은 언덕을 지나
바다로 가는 거리를 순백한 식장으로 만든다.

전정의 수목 같은 나의 가슴은
베고니아를 끼어안고 기류 속을 나온다.
망원경으로 보던 천만의 미소를 회색 외투에
싸아
얼은 크리스마스의 밤길로 걸어 보내자

## 지하실

황갈색 계단을 내려와
모인 사람은
도시의 지평에서 싸우고 왔다.


눈앞에 어리는 푸른 시그널
그러나 떠날 수 없고
모두들 선명한 기억 속에 잠든다.
달빛 아래
우물을 푸던 사람도
지하의 비밀은 알지 못했다.
이미 밤은 기울어져 가고
하늘엔 청춘이 부서져
에메랄드의 불빛이 흐른다.

겨울의 새벽이여

너에게도 지열과 같은 따스함이 있다면

우리의 이름을 불러라


아직은 바람과 같은

속력이 있고

투명한 감각이 좋다.

## 밤의 미매장
    -우리들을 괴롭히는 것은 주검이 아니라
    장례식이다

당신과 내일부터는 만나지 맙시다.

나는 다음에 오는 시간부터는 인간의 가족이 아닙
니다.

왜 그러할 것인지 모르나

지금처럼 행복해서는

조금 전처럼 착각이 생겨서는

다음부터는 피가 마르고 눈은 감길 것입니다.


사랑하는 당신의 침대 위에서

내가 바랄 것이란 나의 비참이 연속되었다.

수없는 음영의 연월이

이 행복의 순간처럼 속히 끝나줄 것입니다.

. . . .뇌우 속의 천사

그가 피를 토하며 알려주는 나의 위치는

광막한 황지에 세워진 궁전보다도 더욱 꿈같고

나의 편력처럼 애처롭다는 것입니다.

사랑하는 당신의 부드러운 젖과 가슴을 내 품안에
안고
　나는 당신이 죽는 곳에서 내가 살며
　내가 죽는 곳에서 당신의 출발이 시작된다고····
　황홀히 생각합니다.
　그리고 저기 무지개처럼 허공에 그려진
　감촉과 향기만이 짙었던 청춘의 날을 바라봅니다.


　당신은 나의 품속에서 신비와 아름다운 육체를
　숨김없이 보이며 잠이 들었습니다.
　불멸의 생명과 나의 사랑을 대치하셨습니다.
　호흡이 끊긴 불행한 천사····
　당신은 빙화처럼 차가우면서도
　아름답게 행복의 어두움 속으로 떠나셨습니다.

고독과 함께 남아 있는 나와

희미한 감응의 시간과는 이젠 헤어집니다.

장송곡을 연주하는 관악기 모양

최종 열차의 기적이 정신을 두드립니다.

시체인 당신과

벌거벗은 나와의 사실을

불안한 지구에 남기고

모든 것은 물과 같이 사라집니다.

사랑하는 순수한 불행이여 비참이여 착각이여

결코 그대만은

언제까지나 나와 함께 있어 주시오.

내가 의식하였던

감미한 육체와 회색 사랑과

관능적인 시간은 참으로 짧았습니다.

잃어버린 것과

욕망에 살던 것은‥‥

사랑의 자체와 함께 소멸되었고

　나는 다음에 오는 시간부터는 인간의 가족이 아닙
니다.

　영원한 밤

　영원한 육체

　영원한 밤의 미매장

　나는 이국의 여행자처럼

　무넘에 띈 사나운 흑장비를 가슴에 딥니다.

　그리고 불안과 공포에 펄떡이는

　사자의 의상을 몸에 휘감고

　바다와 같은 묘망한 암흑 속으로 뒤돌아갑니다.

　허나 당신은 나의 품안에서 의식은 회복하지 못합
니다.

## 세월이 가면

지금 그 사람의 이름은 잊었지만
그의 눈동자 입술은
내 가슴에 있어.

바람이 불고
비가 올 때도
나는 저 유리창 밖
가로등 그들의 밤을 잊지 못하지.

사랑은 가고
과거는 남는 것
여름날의 호숫가
가을의 공원
그 벤치 위에
나뭇잎은 떨어지고
나뭇잎은 흙이 되고

나뭇잎에 덮여서

우리들 사랑이 사라진다 해도

지금 그 사람 이름은 잊었지만

그의 눈동자 입술은

내 가슴에 있어

내 서늘한 가슴에 있건만,

# 열차

−궤도 위에 철의 풍경을 질주하면서 그는
야생한 신시대의 행복을 전개한다. (스티븐 스펜더)


폭풍이 머문 정거장 거기가 출발점

정력과 새로운 의욕 아래

열차가 움직인다.

격동의 시간

꽃의 질서를 버리고

공규한 너의 운명처럼

열차는 떠난다.

검은 기억은 전원에 흘러가고

속력은 서슴없이 죽음의 경사를 지난다.

청춘의 복바침을

나의 시야에 던진 채

미래에의 외접선을 눈부시게 그으며

배경은 핑크빛 향기로운 대화

깨진 유리창 밖 황폐한 도시의 잡음을 차고

율동하는 풍경으로


활주하는 열차

가난한 사람들의 슬픈 관습과

봉건의 터널 특권의 장막을 뚫고

피비린 언덕 너머 곧

광선의 진로를 따른다

다음 헐벗은 수목의 집단 바람의 호흡을 안고
눈이 타오르는 처음의 녹지대
거기엔 우리들의 황홀한 영원의 거리가 있고
밤이면 열차가 지나온
커다란 고난과 노동의 불이 빛난다.
혜성보다도
아름다운 새날보담도 밝게

# 인천항

사진 잡지에서 본 향항 야경을 기억하고 있다.
그리고 중일전쟁 때
상해 부두를 슬퍼했다.

서울에서 30킬로를 떨어진 곳에
모든 해안선과 공통되어 있는
인천항이 있다.

가난한 조선의 프로필을
여실히 표현한 인천 항구에는
상관도 없고
영사관도 없다.

따뜻한 황해의 바람이
생활의 도움이 되고자
냅킨 같은 만내에 뛰어들었다.

해외에시 동포들이 고국을 찾아들 때
그들이 처음 상륙한 곳이
인천 항구이다.

그러나 날이 갈수록
은주와 아편과 호콩이 밀선에 실려 오고
태평양을 건너 무역풍을 탄 칠면조가
인천항으로 나침을 돌렸다.

서울에서 모여든 모리배는
중국서 온 헐벗은 동포의 보따리같이
화폐의 큰 뭉치를 등지고
황혼의 부두를 방황했다.

밤이 가까울수록
성조기가 퍼덕이는 숙사와
주둔소의 네온사인은 붉고
정크의 불빛은 푸르며
마치 유니온 잭이 날리던
식민지 향항의 야경을 닮아간다.

소선의 해항 인천의 부두가
중일전쟁 때 일본이 지배했던
상해의 밤을 소리없이 닮아간다.

## 식물

태양은 모든 식물에게 인사한다.

식물은 24시간 행복하였다.

식물 위에 여자가 앉았고
여자는 반역한 환영을 생각했다.

향기로운 식물의 바람이 도시에 분다.

모두들 창을 열고 태양에게 인사한다.

식물은 24시간 잠들지 못했다.

## 가을의 유혹

가을은 내 마음에
유혹의 길을 가리킨다.
숙녀들과 바람의 이야기를 하면
가을은 다정한 피리를 불면서
회상의 풍경을 지나가는 것이다.

진쟁이 길게 미몰은 서올의 노대에서
나는 모딜리아니의 화첩을 뒤적거리며
정막한 하나의 생애의 한시름을
찾아보는 것이다.
그러한 순간가을은 청춘의 그림자처럼 또는
낙엽모양 나의 발목을 끌고
즐겁고 어두운 사념의 세계로 가는 것이다.

즐겁고 어두운 가을의 이야기를 할 때

목메인 소리로 나는 사랑의 말을 한다
그것은 폐원에 있던 벤치에 앉아
고갈된 분수를 바라보며
지금은 죽은 소녀의 팔목을 잡던 것과 같이
쓸쓸한 옛날의 일이며
여름은 느리고 인생은 가고
가을은 또다시 오는 것이다.

회색 양복과 목관 악기는 어울리지 않는다.

그저 목을 늘어뜨리고

눈을 감으면

가을의 유혹은 나로 하여금 잊을 수 없는

사랑의 사람으로 한다

눈물 젖은 눈동자로 앞을 바라보면

인간이 매몰된 낙엽이

바람에 날리어 나의 주변을 휘돌고 있다.

# 서정가

실신한 듯이 목욕하는 청년

꿈에 본 죠셉 베르네의 바다

반연체 동물의 울음이 들린다

토리움에 모여든 숙녀들

사랑하는 여자는 층계에서 내려온다.

'니사미' 의 시집보다도 비장한 이야기

냅킨이 가벼운 인사를 하고

성하의 낙엽은 내 가슴을 덮는다.

## 식민항의 밤

항연의 밤
영사 부인에게 아시아의 전설을 말했다.


자동차도 인력거도 정거되었으므로
신성한 땅 위를 나는 걸었다.


은행 지배인이 동반한 꽃 파는 소녀
그는 일찍이 자기의 몸값보다
꽃값이 비쌌다는 것을 안다.


육전대의 연주회를 듣고 오던 주민은
적개심으로 식민지의 애가를 불렀다.


삼각주의 달빛
백주의 유혈을 밟으며 찬 해풍이
나의 얼굴을 적신다.

## 나의 생애에 흐르는 시간들

나의 생애에 흐르는 시간들
가느다란 일 년의 안젤루스

어두워지면 길목에서 울었다
사랑하는 사람과

숲 속에서 들리는 목소리
그의 얼굴은 죽은 시인이었다

낡은 언덕 밑
피로한 계절과 부서진 악기

모이면 지난 날을 이야기한다
누구나 저만이 슬프다고

가난을 등지고 노래도 잃은

안개 속으로 들어간 사람아

이렇게 밝은 밤이면
빛나는 수목이 그립다

바람이 찾아와 문은 열리고
찬 눈은 가슴에 떨어진다

힘없이 반항하던 나는
겨울이라 떠나지 못하겠다

밤새우는 가로등
무엇을 기다리나

나도 서 있다
무한한 과실만 먹고

## 불행한 샹송

산업은행 유리창 밑으로
대륙의 시민이 푸롬나드하던 지난 해 겨울
전쟁을 피해 온 여인은
총소리가 들리지 않는 과거로
수태하며 뛰어다녔다.

폭풍의 뮤즈는 등화관제 속에
고요히 잠들고
이 밤 대륙은 한 개 과실처럼
대리석 위에 떨어졌다.

짓밟힌 나의 우월감이여
시민들은 한 사람 한 사람이 '데모스테네스'
장치의 연출가는 도망한
아를르캉을 찾으러 돌아다닌다.

시장의 조마사는
밤에 가장 가까운 저녁때
웅계가 노래하는 블루스에 화합되어
평행면체의 도시계획을
코스모스가 피는 한촌으로 안내하였다.

의상점에 신화한 마네킹
저 기적은 Express for Mukden
마로니에는 창공에 동결되고
기적처럼 사라지는 여인의 그림자는
재스민의 향기처럼 남겨주었다.

## 사랑의 Parabola

어제의 날개는 망각 속으로 갔다.
부드러운 소리로 창을 두들기는 햇빛
바람과 공포를 넘고
밤에서 맨발로 오는 오늘의 사람아

떨리는 손으로 안개 낀 시간을 나는 지켰다.
희미한 등불을 던지고
열지 못할 가슴의 문을 부쉈다.

새벽처럼 지금 행복하다.
주위의 혈액은 살아 있는 인간의 진실로 흐르고
감정의 운하로 표류하던
나의 그림자는 지나간다.

내 사랑아

너는 찬 기후에서 긴 행로를 시작했다. 그러므로

폭풍우도 서슴지 않고 참혹마저 무섭지 않다.


짧은 하루 허나

너와 나의 사랑의 포물선은

권력 없는 지구 끝으로

오늘의 위치의 연장선이

노래의 형식처럼 내일로

자유로운 내일로‥‥

# 구름

어린 생각이 부서진 하늘에
어미머니구름 작은 구름들이
사나운 바람을 벗어난다.

밤비는
구름의 층계를 뛰어내려
우리에게 봄을 알려주고
모든 것이 생명을 찾았을 때
달빛은 구름 사이로
지상의 행복을 빌어주었다.
새벽 문을 여니
안개보다 따스한 호흡으로
나를 안아주던 구름이여

시간을 흘러가

네 모습은 또다시 하늘에

어느 곳에서도 바라볼 수 있는

우리의 전형

서로 손 잡고 모이면

크게 한 몸이 되어

산다는 괴로움으로 흘러가는 구름

그러나 자유 속에서

아름다운 석양 옆에서

헤매는 것이

얼마나 좋으니

## 장미의 온도

나신과 같은 흰 구름이 흐르는 밤
실험실 창밖
과실의 생명은
화폐모양 권태하고 있다.
밤은 깊어가고
나의 찢어진 애욕은
수목이 방탕하는 포도에 질주한다.


나팔소리도 폭풍의 부감도
화판의 모습을 찾으며
무장한 거리를 헤맸다.

태양이 추억을 품고

안벽을 지나던 아침

요리의 위대한 평범을

Close up한 원시림의

장미의 온도

## 태평양에서

갈매기와 하나의 물체

'고독'

연월도 없고 태양은 차갑다.

나는 아무 욕망도 갖지 않겠다.

더욱이 낭만과 정서는

저기 부숴지는 거품 속에 있어라.

죽어간 자의 표정처럼

무겁고 침울한 파도 그것이 노할 때

나는 살아 있는 자라고 외칠 수 없었다.

거저 의지의 믿음만을 위하여

심유한 바다 위를 흘러가는 것이다.


태평양에 안개가 끼고 비가 내릴 때

검은 날개에 검은 입술을 가진

갈매기들이 나의 가까운 시야에서 나를 조롱한다.

'환상'

나는 남아 있는 것과
잃어버린 것과의 비례를 모른다.

옛날 불안을 이야기했었을 때
이 바다에선 포함이 가라앉고
수십만의 인간이 죽었다.
어둠침침한 조용한 바다에서 모든 것은 잠이 들었다.
그렇다. 나는 지금 무엇을 익시하고 있는가?
단지 살아 있다는 것만으로서

바람이 분다.

마음대로 불어라. 나는 데크에 매달려

기념이라고 담배를 피운다.

무한한 고독. 저 연기는 어디로 가나.


밤이여. 무한한 하늘과 물과 그 사이에

나를 잠들게 해라.

## 15일간

깨끗한 시트 위에서
나는 몸부림을 쳐도 소용이 없다.
공간에서 들려오는 공포의 소리
좁은 방에서 나비들이 난다.
그것을 들어야 하고
그것을 보아야 하는
의식.
오늘은 어제와 분별이 없건만
내가 애태우는 사람은 날로 멀건만
죽음을 기다리는 수인과 같이
권태로운 하품을 하여야 한다.

창밖에 나리는 미립자
거짓말이 많은 사전
할 수 없이 나는 그것을 본다.
변화가 없는 바다와 하늘 아래서

욕할 수 있는 사람도 없고,
알래스카에서 달려온 갈매기처럼
나의 환상의 세계를 휘돌아야 한다.

위스키 한 병 담배 열 갑
아니 내 정신이 소모되어 간다. 시간은
15일간을 태평양에서는 의미가 없다.
허지만
고립과 콤플렉스의 향기는
내 얼굴과 금간 육체에 젖어버렸다.

바다는 노하고 나는 잠들려고 한다.
누만년의 자연 속에서 나는 자아를 꿈꾼다.
그것은 기묘한 욕망과
회상의 파편을 다듬는
음참한 망집이기도 하다.

밤이 지나고 고뇌의 날이 온다.

척도를 위하여 커피를 마신다.

사변은 철과 거대한 비애에 잠긴

하늘과 바다.

그래서 나는 어제 외롭지 않았다.

## 충혈된 눈동자

STRAIT OF JUAN DE FUCA를 어제 나는
지났다.
눈동자에 바람이 휘도는
이국의 항구 올림피아
피를 토하며 잠자지 못하던 사람들이
행복이나 기다리는 듯이 거리에 나간다.

착각이 만든 네온의 거리
원색과 혈관은 내 눈엔 보이지 않는다.
거품에 넘치는 술을 마시고
정욕에 불타는 여자를 보아야 한다.

그의 떨리는 손가락이 가리키는
무거운 침묵 속으로 나는
발버둥치며 달아나야 한다.

세상은 좋았다.
피의 비가 내리고
주검의 재가 날리는 태평양 건너서ㄹ의
다시 올 수 없는 사람은 떠나야 한다.
아니 세상은 불행하다고 나는 하늘에
고함친다.
몸에서
베고니아처럼 화끈거리는 욕망을 위해
거짓과 진실을 마음대로 써야 한다.


젊음과 그가 가지는 기적은
내 허리에 비애의 그림자를 던졌고
도시의 계곡 사이를 달음박질치는
육중한 바람을
충혈된 눈동자는 바라다보고 있었다.

(올림피아에서)

## 어느 날의 시가 되지 않는 시

당신은 일본인이지요?
차이니이즈? 하고 물을 때
나는 불쾌하게 웃었다.
거품이 많은 술을 마시면서
나도 물었다.
당신은 아메리카 시민입니까?
나는 거짓말 같은 낡아빠진 역사와
우리 민족과 말이 단일하다는 것을
자랑스럽게 말했다.
황혼
타아반 구석에서 흑인은 구두를 닦고
거리의 소년이 즐겁게 담배를 피우고 있다.

여우 가르보의 전기책이 놓여 있고

그 옆에는 디텍티브 스토오리가 쌓여 있는

서점의 쇼윈도

손님이 많은 가게 안을 나는 들어가지 않았다.

비가 내린다.

내 모자 위에 중량이 없는 억압이 있다.

그래서 뒷길을 걸으며

서울로 빨리 가고 싶다고

센티멘털한 소리를 한다.

(에베레트에서)

## 여행

나는 나도 모르는 사이에 먼 나라로
여행의 길을 떠났다.
수중에 돈도 없이
집엔 쌀도 없는 시인이
누구의 속임인가
나의 환상인가
거저 배를 타고
많은 인간이 죽은 바다를 건너
낯설은 나라를 돌아다니게 되었다.

비가 내리는 주립공원을 바라보면서
2백 년 전
이 다리 아래를 흘러간 사람의 이름을
수첩에 적는다.
캡틴 xx
그 사람과 나는 관련이 없건만
우연히 온 사람과 죽은 사람은
저기 푸르게 잠든 호수의 수심을
잊을 수 없는 것일까.

거룩한 자유의 이름으로 알려진 토지
무성한 삼림이 있고
비렴계관과 같은 집이
연이어 있는 아메리카의 도시
시애틀의 네온이 붉은 거리를
실신한 나는 간다
아니 나는 더욱 선명한 정신으로
타아반에 들어가 향수를 본다.

이즈러진 회상

불멸의 고독

구두에 남은 한국의 진흙과

상표도 없는 '공작' 의 연기

그것은 나의 자랑이다.

나의 외로움이다.


또 밤거리

거리의 음료수를 마시는

포틀랜드의 이방인

저기

가는 사람은 나를 무엇으로 보고 있는가.

(포틀랜드에서)

## 수부들

수부들은 갑판에서
갈매기와 이야기한다.
····너희들은 어데서 왔니····
화란 성냥으로 담배를 붙이고
싱가포르 밤거리의 여자
지금도 생각이 난다
동상처럼 서서 부두에서 기다리겠다는
얼굴이 까만 입술이 짙은 여자
파도여 꿈과 같이 부숴지라

헤아릴 수 없는 순백한 밤이면

하모니카 소리도 처량하고나

포틀랜드 좋은 고장 술집이 많아

크레온 칠한 듯이 네온이 밝은 밤

아리랑 소리나 한번 해보자


(포틀랜드에서 – 이 시는 겨우 우리말을 쓸 수

있는 어떤 수부의 것을 내 이미지로 고쳤다)

## 에베레트의 일요일

분란인 미스터 몬은
자동차를 타고 나를 데리러 왔다.
에베레트의 일요일
와이샤쓰도 없이 나는 한국 노래를 했다.
그저 쓸쓸하게 가냘프게
노래를 부르면 된다
‥‥파파 러브스 맘보‥‥
춤을 추는 돈나
개와 함께 어울려 호숫가를 걷는다.

텔레비전도 처음 보고
칼로리가 없는 맥주도 처음 마시는
마음만의 신사
즐거운 일인지 또는 슬픈 일인지
여기서 말해주는 사람은 없다.
석양

낭만을 연상하게 하는 시간.
미칠 듯이 고향 생각이 난다.


그래서 몬과 나는
이야기할 것이 없었다 이젠
헤져야 한다.

(에베레트에서)

## 이국 항구

에베레트 이국의 항구
그날 봄비가 내릴 때
돈나 캠벨 잘 있거라.

바람에 펄럭이는 너의 잿빛머리
열병에 걸린 사람처럼
내 머리는 화끈거린다.

몸부림쳐도 소용없는
사랑이라는 것을 서로 알면서도
젊음의 눈동자는 막지 못하는 것.

처량한 기적

데크에 기대어 담배를 피우고

이제 나는 육지와 작별한다.


눈물과 신화의 바다 태평양

주검처럼 어두운 노도를 헤치며

남해호의 우렁찬 엔진은 울린다.


사랑이여 불행한 날이여

이 넓은 바다에서

돈나 캠벨– 불러도 대답은 없다.

## 새벽 한 시의 시

대낮보다도 눈부신
포틀랜드의 밤거리에
단조로운 그렌 밀러의 랩소디가 들린다.
쇼윈도에서 울고 있는 마네킹,

앞으로 남지 않은 나의 잠시를 위하여
기념이라고 진피즈를 마시면
녹슬은 가슴과 뇌수에 차디찬 비가 내린다.

나는 돌아가도 친구들에게 얘기할 것이 없고나
유리로 만든 인간의 묘지와
벽돌과 콘크리트 속에 있던
도시의 계곡에서
흐느껴 울었다는 것 외에는 ‥‥.

천사처럼

나를 매혹시키는 허영의 네온.

너에게는 안구가 없고 정서가 없다.

여기선 인간이 생명을 노래하지 않고

침울한 상념만이 나를 구한다.


바람에 날려 온 먼지와 같이

이 이국의 땅에선 니는 하나의 미생물이다.

아니 나는 바람에 날려 와

새벽 한 시 기묘한 의식으로

그래도 좋았던

부식된 과거로

돌아가는 것이다.


(포틀랜드에서)

## 다리 위의 사람

다리 위의 사람은
애증과 부채를 자기 나라에 남기고
암벽에 부딪히는 파도 소리에 놀라
바늘과 같은 손가락은
난간을 쥐었다.
차디찬 철의 고체
쓰디쓴 눈물을 마시며
혼란된 의식에 가라앉아 버리는
다리 위의 사람은
긴 항로 끝에 이르는 정막한 토지에서
신의 이름을 부른다.

그가 살아오는 동안
풍파와 고절은 그칠 줄 몰랐고
오랜 세월을 두고
DECEPTION PASS에도
비와 눈이 내렸다.

또다시 헤어질 숙명이기에
만나야만 되는 것과 같이
지금 다리 위의 사람은
로사리오 해협에서 불어오는
처량한 바람을 잊으려고 한다.
잊으려고 할 때 두 눈을 가로막는
새로운 불안
화끈거리는 머리
절벽 밑으로 그의 의식은 떨어진다.

태양이 레몬과 같이 물결에 흔들거리고,

주립공원 하늘에는

에메랄드처럼 반짝거리는 기계가 간다.

변함없이 다리 아래 물이 흐른다.

절망된 사람의 피와도 같이

파란 물이 흐른다.

다리 위의 사람은

흔들리는 발걸음을 걷잡을 수가 없었다.


(아나코테스에서)

# 투명한 버라이어티

녹슬은
은행과 영화관과 전기 세탁기

럭키 스트라이크
VANCE 호텔 BINGO 게임.

영사관 로비에서
눈부신 백화점에서
부활제의 카드가
RAINIER 맥주가

나는 옛날을 생각하면서
텔레비전의 LATE NIGHT NEWS를 본다.
캐나다 CBC 방송국의
광란한 음악
입 맞추는 신사와 창부.

조준은 젖가슴
아메리카 워싱톤 주.

비에 젖은 소년과 담배
고절된 도서관
오늘 올드 미스는 월경이다.

희극 여우처럼 눈살을 피면서
최현배 박사의 《우리말본》 을
핸드백 옆에 놓는다.

타이프라이터의 신경질
기계 속에서 나무는 자라고
엔진으로부터 탄생된 사람들

신문과 숙녀의 옷자락이 길을 막는다.
여송연을 물은 전 수상은
아메리카의 여자를 사랑하는지?

식민지의 오후처럼
회사의 깃발이 퍼덕거리고
페리이 코모의 〈파파 러브스 맘보〉

찢어진 트럼펫
구겨진 애욕.

데모크라시와 옷 벗은 여신과
칼로리가 없는 맥주와 유행과
유행에서 정신을 희열하는
디자이너와
표정이 경련하는 나와

트렁크 위에 장미는 시들고
문명은 은근한 곡선을 긋는다.

조류는 잠들고
우리는 페인트칠 한 잔디밭을 본다.
달리는 유니온 퍼시픽 안에서
상인은 쓸쓸한 혼약의 꿈을 꾼다.
반항적인 M.몬로의
날개 돋힌 의상.


교회의 일본어 선전물에서는
크레졸 냄새가 나고
옛날


'루돌프 앨폰스 발렌티노'의 주검을
비탄으로 맞이한 나라
그때의 숙녀는 늙고
아메리카는 청춘의 음영을 잊지 못했다.

스트립 쇼우

담배 연기의 암흑

시력이 없는 네온사인


그렇다 '성의 10년'이 떠난 후

전장에서 청년은 다시 도망쳐 왔다.

자신과 영예와

구라파의 달을 바라다보던 사람은‥‥


혼란과 질서의 반복이

물결치는 거리에

고백의 시간은 간다.


집요하게 태양은 내리쪼이고

MT·HOOT의 눈은 변함이 없다.

연필처럼 가느다란 내 목구멍에서
내일이면 가치가 없는 비애로운 소리가 난다.

빈약한 사념

아메리카  모나리자
필립 모리스  모리스  브리지

비정한 행복이라도 좋다.
4월 10일의 부활제가 오기 전에
굿바이
굿 엔드  굿바이

# 산 너머 남촌에는

김동환

### 1

산 너머 남촌에는 누가 살길래
해마다 봄바람이 남으로 오네.

꽃 피는 사월이면 진달래 향기
밀 익는 오월이면 보리 내음새.

어느 것 한 가진들 실어 안 오리
남촌서 남풍 불 제 나는 좋데나.

### 2

산 너머 남촌에는 누가 살길래
저 하늘 저 빛깔이 저리 고울까?

금잔디 넓은 벌에 호랑나비 떼
버들밭 실개천엔 종달새 노래

어느 것 한 가진들 들려 안 오리
남촌서 남풍 불제 나는 좋데나.

산너머 남촌에는 배나무 있고
배나무 꽃 아래에 누가 섰다기

그리운 생각에 영에 오르니.
구름에 가리어 아니 보이데.
끊었다 이어 오는 가는 노래
바람을 타고서 고이 들리네.

## 송화강 뱃노래

새벽 하늘에 구름장 날린다.
에잇 에잇 어서 노 저어라, 이 배야 가자.
구름만 날리나
내 맘도 날린다.

돌아다 보면은 고국이 천리런가.
에잇 에잇 어서 노 저어라, 이 배야 가자
온 길이 천 리나
갈 길은 만 리다.

산을 버렸지 정이야 버렷나.
에잇 에잇 어서 노 저어라, 이 배야 가자
몸은 흘러도
넋이야 가겠지.

여기는 송화강, 강물이 운다야
에잇 에잇 어서 노 저어라, 이 배야 가자
강물만 우더냐
장부도 따라 운다.

## 웃은 죄

지름길 묻길래 대답했지요.
물 한 모금 달라기에 샘물 떠 주고
그러고는 인사하기에 웃고 받았지요.

평양성에 해 안 뜬대도
난 모르오.
웃은 죄밖에.

## 북청 물장수

새벽마다 고요히 꿈길을 밟고 와서
머리맡에 찬물을 쏴 퍼붓고는
그만 가슴을 디디면서 멀리 사라지는
북청 물장수

물에 젖은 꿈이
북청 물장수를 부르면
그는 삐꺽삐꺽 소리를 치며
온 자취도 없이 다시 사라져 버린다.
날마다 아침마다 기다려지는
북청 물장수.

## 오월의 향기


　오월의 하늘에 종달새 떠올라 보표를 그
리자 산나물 캐기 색시 푸른 공중 치어다 노
래 부르네 그 음부 보고 봄의 노래를.
　봄의 노래 바다에 떨어진 파도를 울리고
산에 떨어진 종달새 울리더니
　다시 하늘로 기어올라 구름 속 거문 소나기까지 울려
놓았네.
　거문 소나기 일만 실비를 몰고 떨어지자 땅에는
흙이 젓물같이 녹아지며 보리밭이 석 자라 자라나네.
　아, 오월의 하늘에 떠도는 종달새는 풍년을 몰고 산에
들에 떨어지네.
　떨어질 때 우린들 하늘 밖이라 풍년이 안오랴.

오월의 산에 올라 풀 베다 소리치니

　하늘이 넓기도 해 그 소리 다시 돌아 앉으네.

　이렇게 넓다라면 날아라도 가 보고 싶은 일 넋이
라도 가 보라 또 소리쳤네.

　벽에 걸린 화액에 오월 바람에 터질 듯 익은 내
나라가 걸려 있네.

　꿈마다 기어와선 놀다가도 날 밝기 무섭게 도로
화액 속 풍경화가 되어 버리는 내 나라가.

강이 풀리면

강이 풀리면 배가 오겠지
배가 오면은 임도 탔겠지

임은 안 타도 편지야 탔겠지
오늘도 강가서 기다리다 가노라.

임이 오시면 이 설움도 풀리지
동지 섣달에 얼었던 강물도

제멋에 녹는데 왜 아니 풀릴까
오늘도 강가서 기다리다 가노라.

## 다보탑

불꽃이 이리 튀고 돌조각이 저리 튀고
밤을 낮을 삼아 정소리가 요란하더니
불국사 백운교에 탑이 솟아 오르다.

꽃쟁반 팔모 난간 층층이 고운 모양
인의 손 간 데마다 돌엇온 세로 피고
머리엔 푸른 하늘을 받쳐 이고 있도다.

## 남으로 창을 내겠소

김상용

남으로 창을 내겠소.
밭이 한참 갈이
괭이로 파고
호미론 풀을 매지요.

구름이 꼬인다 갈 리 있소.
새 노래는 공으로 들으랴오.
강냉이가 익걸랑
함께 와 자셔도 좋소

왜 사냐건
웃지요

## 포 구

슬픔이 영원해
사주의 물결은 깨어지고
묘막한 하늘 아래
고할 곳 없는 여정이 고달파라.

눈을 감으니
시각이 끊이는 곳에
추억이 더욱 가엾고

깜박이는 두 셋 등잔 아래엔
무슨 단란의 실마리가 풀리는지 …

별이 없어 더 서러운
포구의 밤이 샌다.

## 반딧불

너는 정밀의 등촉
신부 없는 동방에 잠그리라.

부러워하는 이도 없을 너를
상징해 왜 내 맘을 빚었던지

헛고대의 밤이 가면
설은 새 아침
가만히 네 불꽃은 꺼진다.

# 나

나를 반겨함인가 하여
꽃송이에 입을 맞추면
전율한 만치 그 촉감은 싸늘해-

품에 있는 그대로
이해 저편에 있기로
'나'를 찾았을까?

그러나 기억과 망각의 거리
명멸하는 수없는 '나'의
어느 '나'가 '나'뇨.

## 향 수

인적 끊긴 산 속
돌을 베고 하늘을 보오.

구름이 가고,
있지도 않은 고향이 그립소.

## 한잔 물

목마름 채우려던 한잔 물을
땅 위에 엎질렀다.

너른 바다 수많은 파두를 버리고
하필 내 잔에 담겼던 물

어느 절벽 밑 깨어진 굽이런지 ‒
어느 산마루 어렸던 구름의 조각인지
어느 나뭇잎 위에
또 어느 꽃송이 위에

내려졌던 구슬인지–
이름 모를 골을 내리고
적고 큰 돌 사이를 지난 나머지
내 그릇을 거쳐
물은 제 길을 갔거니와

허젓한 마음
그릇의 비임만을 남긴
아아 애닯은 추억아!

## 물고기 하나

웅덩이에 헤엄치는 물고기 하나
그는 호젓한 내 심사에 걸렸다.

돍새 너겁 밑을 갸웃거린들
지난 밤 져버린 달빛이

허무로히 여직 비칠리야 있겠니?
지금 너는 또 다른 웅덩이로 길을 떠나노니
나그네 될 운명이
영원 끝날 수 없는 까닭이냐.

## 태풍

죽음의 밤을 어질르고
문을 두드려 너는 나를 깨웠다.

어지러운 명마의 구치
창검의 맞부딪힘,
폭발, 돌격!
아아 저 포효와 섬광!

교란과 혼돈의 주재여
꺾이고 부서지고,
날리고 몰려와
안일을 항락하는 질서는 깨진다.

새싹 자라날 터를 앗어
보수와 저애의 추명  자취하던
어느 뫼의 썩은 등걸을
꺾고 온 길이냐.

풀 뿌리, 나뭇잎, 뭇 오예로 덮인
어느 함마을 비질하여
질식에 숨지려는 물결을
일깨우고 온 길이냐

어느 진흙 쌓인 구렁에
소낙비 쏟아 부어
중압에 울던 단 샘물
웃겨 주고 온 길이냐.

파괴의 폭군!
그러나 세척과 갱신의 역군아,
세차게 팔을 둘러
허섭쓰레기의 퇴적을 쓸어 가라.

상인으로 심장을 헤쳐
사특, 오만, 순준에의 버리면
순직과 결백에 빛나는 넋이
구슬처럼 새 아침이 빛나기도 하려니.

## 언덕에 바로 누워

김영랑

언덕에 바로 누워
아슬한 푸른 하늘 뜻없이 바래다가
나는 잊었읍네 눈물 도는 노래를
그 하늘 아슬하야 너무도 아슬하야

이 몸이 서러운 줄 언덕이야 아시련만
마음의 가는 웃음 한 때라도 없드라냐
아슬한 하늘 아래 귀여운 맘 질기운 맘
내 눈은 감기었네 감기었네

# 돌 담에 속삭이는 햇살

돌담에 속삭이는 햇살같이
풀 아래 웃음 짓는 샘물같이
내 마음 고요히 고운 봄길 위에
오늘 하루 하늘을 우러르고 싶다.

새악시 볼에 떠오는 부끄럼같이
시의 가슴에 살포시 젖는 물결같이
보드레한 에메랄드 얇게 흐르는
실비단 하늘을 바라보고 싶다.

## 내 마음을 아실 이

내 마음을 아실 이
내 혼자 마음 날같이 아실 이
그래도 어디나 계실 것이면

내 마음에 때때로 어리우는 티끌과
속임없는 눈물의 간곡한 방울방울
푸른 밤 고이 맺는 이슬 같은 보람을
보낸 듯 감추었다 내어 드리지.

아! 그립다.
내 혼자 마음 날같이 아실 이
꿈에나 아득히 보이는가.

향 맑은 옥돌에 불이 달아
사랑은 타기도 하오련만
불빛에 연긴 듯 희미론 마음은
사랑도 모르리 내 혼자 마음은.

# 4행시

### 1

임 두시고 가는 길의 애끈한 마음이여
한숨 쉬면 꺼질 듯한 조매로운 꿈길이여
이 밤은 캄캄한 어느 뉘 시골인가
이슬같이 고인 눈물을 손끝으로 깨치나니

### 2

풀 위에 맺어지는 이슬을 본다
눈썹에 아롱지는 눈물을 본다
풀 위에 정기가 꿈같이 오르고
가슴은 간곡히 입을 벌린다

### 3

좁은 길가에 무덤이 하나
이슬에 젖이우며 밤을 새인다
나는 사라져 저 별이 되오리
뫼 아래 누워서 희미한 별을


### 4

저녁 때 저녁 때 외로운 마음
붙잡지 못하여 걸어다님을
누구라 불어 주신 바람이기로
눈물을 눈물을 빼앗아 가오


### 5

무너진 성터에 바람이 세나니
가을은 쓸쓸한만 뿐이구려
희끗희끗 산국화 나부끼면서
가을은 애닳다 속삭이느뇨

## 6

뵈지도 않는 입김의 가는 실마리
새파란 하늘 끝에 오름과 같이
대숲의 숨은 마음 기여 찾으려
삶은 오로지 바늘 끝같이


## 7

푸른 향물 흘러버린 언덕 위에
내 마음 하루살이 나래로다.
보실보실 가을눈이 그 나래를 치며
허공의 속삭임을 들으라 한다.


## 8

허리띠 매는 시악시 마음실같이
꽃 가지에 은은한 그늘이 지면
흰 날의 내 가슴 아지랭이 낀다.
흰 날의 내 가슴 아지랭이 낀다.

## 5월

들길은 마을에 들자 붉어지고
마을 골목은 들로 내려서자 푸르러진다.
바람은 넘실 천 이랑 만 이랑
이랑 이랑 햇빛이 갈라지고
보리도 허리통이 부끄럽게 드러났다.
꾀꼬리는 엽태 혼자 날아볼 줄 모르나니
암컷이라 쫓길 뿐
수놈이라 쫓을 뿐
황금 빛난 길이 어지럴 뿐
얇은 단장하고 아양 가득 차 있는
산봉우리야 오늘 밤 너 어디로 가버리련?

## 가늘한 내음

내 가슴 속에 가늘한 내음
애끈히 떠도는 내음
저녁해 고요히 지는 제
머언 산 허리에 슬리는 보라빛

오! 그 수신뜬 보라빛
내가 잃은 마음의 그림자
한이틀 정열에 뚝뚝 떨어진 모란의
깃든 향취가 이 가슴 놓고 갔을 줄이야

얼결에 여윈 봄 흐르는 마음
헛되이 찾으려 허덕이는 날
뻘 위에 처얼썩 갯물이 놓이듯
얼컥 니이는 후끈한 내음

아! 후끈한 내음 내키다 마아는
서언한 가슴에 그늘이 도오나니
수심 띠고 애끈하고 고요하기
신허리에 슬리는 저녁 보라빛

## 오-매 단풍 들것네

"오- 매 단풍 들것네"
장광에 골붉은 감잎 날아와
누이는 놀란 듯이 치어다보며
"오-매 단풍 들것네"

추석이 내일모레 기둘리리
바람이 잦이어서 걱정이리
누이의 마음아 나를 보아라
"오-매 단풍 들것네"

## 땅거미

가을날 땅거미 아름풋한 흐름 위에
고요히 실리우다 훤뜻 스러지는 것

잊은 봄 보라빛의 낡은 내음이요.

임의 사라진 천리 밖의 산울림
오랜 세월 시닷긴 으스름한 파스텔

애닲은 듯한
좀 서러운 듯한

오! 모두 다 못 돌아오는
머언 지난 날의 놓친 마음

## 춘향

큰 칼 쓰고 옥에 든 춘향이는

제 마음이 그리도 독했던가 놀래었다

성문이 부서져도 이 악물고

사또를 노려보던 교만한 눈

그는 옛날 성학사 박팽년이

불지짐에도 태연하였음을 알았었니라

오! 일편단심


원통하고 독한 마음 잠과 꿈을 이뤘으랴

옥방 첫날 밤은 길고도 무서워라

설움이 사무치고 지쳐 쓰러지면

남강의 외론 혼은 불리워 나왔느니

논개! 어린 춘향을 꼭 안아

밤새워 마음과 살을 어루만지다

오! 일편단심

사랑이 무엇이기
정절이 무엇이기
그 때문에 꽃의 춘향 그냥 옥사하단 말가
지네 구렁이 같은 변 학도의
흉칙한 얼굴에 까무러쳐도
어린 가슴 달큼히 지켜주는 도련님 생각
오! 일편 단심

상하고 멍든 자리 마디마디 문지르며
눈물을 타고 남은 간을 젖어 내렸다
버들잎이 창살에 선뜻 스치는 날도
도련님 말방울 소리는 아니 들렸다
삼경을 세오다가 그는 그만 단장하다
두견이 울어 두견이 울어 남원 고을도 깨어지고
오! 일편 단심

깊은 겨울 밤 비바람은 우루루루
피칠해 논 옥 창살을 들이치는데
옥 죽음한 원귀들이 구석구석에 휙휙 울어
청절 춘향도 혼을 잃고 몸을 버려 버렸다.
밤 새도록 까무러치고
해 돋을 녘 깨어나다
오! 일편 단심

믿고 바라고 눈 아프게 보고 싶던 도련님이
죽기 전에 와 주셨다 춘향은 살았구나
쑥대 머리 귀신 얼굴 된 춘향이 보고
이 도령은 잔인스레 웃었다. 저 때문의
정절이 자랑스러워
"우리 집이 팍 망해서 상거지가 되었지야"
틀림없는 도련님 춘향은 원망도 안 했니라.
오! 일편 단심

모진 춘향이 그 밤 새벽에 또 까무러쳐서는
영 다시 깨어나진 못했었다 두견은 울었건만
도련님 다시 뵈어 한을 풀었으나 살아날 가망은 아주 끊기고
온 몸 푸른 맥도 확 풀려 버렸을 법
출도 끝에 어사는 춘향의 몸을 거두며 울다
"내 변가보다 잔인 무지하여 춘향을 죽였구나"
오! 일편단심

# 길

노천명

솔밭 사이로 솔밭 사이로 걸어 들어가자면
불빛이 흘러 나오는 고가가 보였다.

거기-
벌레 우는 가을이 있었다.
벌판에 눈 덮인 달밤도 있었다.

흰나리꽃이 향을 토하는 저녁
손길이 흰 사람들은
꽃술을 따 문 병풍의
사슴을 이야기했다.

솔밭 사이로 솔밭 사이로 걸어가자면
지금도
전설처럼 –
고가엔 불빛이 보이련만

숱한 이야기들이 생각날까봐
몸을 소스라침을
비둘기같이 순한 마음에서‥‥

## 푸른 오월

청자빛 하늘이
육모정 탑 위에 그린 듯이 곱고
연못 창포 잎에
여인네 맵시 위에
감미로운 첫여름이 흐른다.

라일락 숲에
내 젊은 꿈이 나비처럼 앉는 정오
계절의 여왕 오월의 푸른 여신 앞에
내가 웬 일로 무색하고 외롭구나.

밀물처럼 가슴 속으로 몰려드는 향수를
어찌하는 수 없어
눈은 먼 데 하늘을 본다.

긴 담을 끼고 외딴 길을 걸으며
생각이 무지개처럼 핀다.

풀냄새가 물큰
향수보다 좋게 내 코를 스치고

청머루순이 뻗어 나오던 길섶
어디메선가 한나절 꿩이 울고,

나는
활나물, 호납나물, 젓가락나물, 참나물을 찾던
잃어버린 날이 그립지 아니한가, 나의 사람아.

아름다운 노래라도 부르자.
서러운 노래를 부르자.

보리밭 푸른 물결을 헤치며
종달새 모양 내 마음은
하늘 높이 솟는다.

오월의 칭공이여!
나의 태양이여!

## 남사당

나는 얼굴에 분칠을 하고
삼단 같은 머리를 땋아 내린 사나이
초립에 쾌자를 걸친 조라치들이
날라리를 부는 저녁이면

다홍치마를 두르고 나는 향단이가 된다.
이리하여 장터 어느 넓은 마당을 빌어
「램프」 불을 돋운 포장 속에선
내 남성이 십분 굴욕된다.

산 넘어 지나 온 저 동리엔

은반지를 사주고 싶은

고운 처녀도 있었건만

다음 날이면 떠남을 짓는,

처녀야!

나는 〈집시〉의 피였다.

내일은 또 어느 동리로 들어간다냐.


우리들의 소도구를 실은

노새의 뒤를 따라

산딸기의 이슬을 털며

길에 오르는 새벽은

구경꾼을 모으는 날라리 소리처럼

슬픔과 기쁨이 섞여 핀다.

## 고별

어제 나에게 찬사와 꽃다발을 던지고
우뢰같은 박수를 보내주시던 인사들
오늘은 멸시의 눈초리로 혹은 무심히
내 앞을 지나쳐 버린다.


청춘을 바친 이 땅
오늘 내 머리에는 용수가 씌워졌다.


고도에라도 좋으니 차라리 머언 곳으로
나를 보내다오.
뱃사공은 나와 방언이 달라도 좋다.

내가 떠나면
정든 책상은 고물상이 업어갈 것이고
아끼던 책들은 천덕꾼이가 되어 장터로 나갈
게다.

나와 친하던 이들, 또 나를 시기하던 이들
잔을 들어라 그대들과 나 사이에
마지막인 작별의 잔을 높이 들자.

우정이라는 것 또 신의라는 것
이것은 다 어디 있는 것이냐
생쥐에게나 뜯어 먹게 던져 주어라.

온갖 화근이었던 이름 석 자를
갈기갈기 찢어서 바다에 던져 버리련다.
나를 어디 떨어진 섬으로 멀리멀리 보내 다오.

눈물 어린 얼굴을 돌이키고
나는 이곳을 떠나련다.
개 짖는 마을들아
닭이 새벽을 알리는 촌가들아
잘 있거라

별이 있고
하늘이 있고
거기 자유가 닫혀지지 않는 곳이라면-

## 이름 없는 여인이 되어

어느 조그만 산골로 들어가
나는 이름 없는 여인이 되고 싶소.
초가 지붕에 박넝쿨 올리고
삼밭엔 오이랑 호박을 놓고
들장미로 울타리를 엮어
마당엔 하늘을 욕심껏 들여놓고
밤이면 실컷 별을 안고
부엉이가 우는 밤도 내사 외롭지 않겠소.

기차가 지나가 버리는 마을
놋양푼의 수수엿을 녹여 먹으며
내 좋은 사람과 밤이 늦도록
여우 나는 산골 얘기를 하면
삽살개는 달을 짖고
나는 여왕보다 더 행복하겠소.

# 사 슴

모가지가 길어서 슬픈 짐승이여
언제나 점잖은 편 말이 없구나.
관이 향기로운 너는
무척 높은 족속이었나 보다.

물속의 제 그림자를 들여다보고
잃었던 전설을 생각해 내고는
어찌할 수 없는 향수에
슬픈 모가지를 하고
먼 데 산을 바라본다.

## 장 날

대추 밤을 돈사야 추석을 차렸다.
이십리를 걸어서 열하룻장을 보러 떠나는 새벽
막내딸 이쁜이는 대추를 안 준다고 울었다.

송편 같은 반달이 싸리문 위로 돋고
건너편 성황당 사시나무 그림자가 무시무시한 저녁
나귀 방울에 지껄이는 소리가 고개를 넘어 가까와지면
이쁜이보다 삽살개가 먼저 마중을 나갔다.

# 고 독

변변치 못한 화를 받던 날
어린애처럼 울고 나서
고독을 사랑하는 버릇을 지었습니다.

번잡이 이처럼 싱그러울 때
고독은 단 하나의 친구라 할까요

그는 고요한 사색의 호숫가로
나를 달래 데리고 가
내 이지러진 얼굴을 비추어 줍니다.

고독은 오히려 사랑스러운 것
함부로 친할 수도 없는 것
아무나 가까이 하기도 어려운 것인가봐요.

# 고 향

언제든 가리
마지막엔 돌아가리.
목화꽃이 고운 내 고향으로
조밥이 맛있는 내 본향으로
아이를 하눌타리 따는 길머리엔
학림사 가는 달구지가 조을며 지나가고
대낮에 여우가 우는 산골

등잔 밑에서
딸에게 편지 쓰는 어머니도 있었다.
둥글레 산에 올라 무릇을 캐고
접중화 싱아 뻐꾹새 장구채 범부채
마주재 기룩이 도라지 체니 곰방대
곰취 참두릅 홋잎나물을
뜯는 소녀들은
말끝마다 꽈 소리를 찾고
개암쌀을 까며 소녀들은
금방망이 은방망이 놓고 간

도깨비 얘기를 즐겼다.

목사가 없는 교회당

회당지기 전도사가 강도상을 치며

설교하는 산골이 문득 그리워

아프리카서 온 반마처럼

향수에 잠기는 날이 있다.


언제든 가리

나중엔 고향 가 살다 죽으리.

메밀꽃이 하얗게 피는 곳

나뭇짐에 함박꽃을 꺾어오던 총각들

서울 구경이 원이더니

차를 타보지 못한 채 마을을 지키겠네.


꿈이면 보는 낯익은 동리

우거진 덤불에서

찔레순을 꺾다 나면 꿈이었다.

## 떠나가는 배

박용철

나 두 야 간다.
나의 이 젊은 나이를
눈물로야 보낼 거냐
나 두 야 가련다.

아늑한 이 항구인들 손쉽게야 버릴거냐.
안개같이 물어린 눈에도 비치나니
골짜기마다 발에 익은 묏부리 모양
주름살도 눈에 익은 아 - 사랑하는 사람들.

버리고 가는 이도 못 잊는 마음
쫓겨가는 마음인들 무어 다를거냐.
돌아다 보는 구름에는 바람이 희살짓는다.
앞 대일 언덕인 들 마련이나 있을 거냐.

나 두 야 가련다.
나의 이 젊은 나이를
눈물로야 보낼거냐
나 두 야 간다.

## 눈은 내리네

이 겨울의 아침을
눈은 내리네

저 눈은 너무 희고
저 눈의 소리 또한 그윽하므로

내 이마를 숙이고 빌까 하노라
임이여 설운 빛이
그대의 입술을 물들이나니
그대 또한 저 눈을 사랑하는가

눈은 내리어
우리 함께 빌 때러라

## 어디로

내 마음은 어디로 가야 옳으리까
쉬임없이 궂은 비는 내려오고
지나간 날 괴로움의 쓰린 기억
내게 어둔 구름 되어 덮이는데

바라지 않으리라던 새론 희망
생각지 않으리라던 그대 생각
번개같이 어둠을 깨친다마는
그대는 닿을 길 없이 높은 데 계시오니

아— 내 마음은 어디로 가야 옳으리까.

## 이대로 가랴마는

설만들 이대로 가기야 하랴마는
이대로 간단들 못 간다 하랴마는

바람도 없이 고이 떨어지는 꽃잎같이
파란 하늘에 사라져 버리는 구름쪽같이

조그만 열로 지금 수떠리는 피가 멈추고
가는 숨길이 여기서 끝맺는다면

아– 얇은 빛 들어오는 영창 아래서
차마 흐르지 못하는 눈물이 온 가슴에 젖어
나리네.

### 김동환(1901~?)

함북 경성에서 출생한 김동환은 1925년 한국 문학 사상 최초의 서정 시인 '국경의 밤'을 발표하여 문단에 충격적인 반향을 일으켰다. 그 밖에도 김동환은 '북청 물장사, 봄이 오면' 등의 시를 남겨 한국 현대 시의 한 획을 그은 시인이며, 6·25 발발 후 납북되어 갖은 고초를 겪었다고 한다.

### 김상용(1902~1955)

김상용은 문단에 나서면서 시조, 민요시, 번역시 등을 썼으며, 무엇보다 그를 유명하게 한 것은 '남으로 창을 내겠소' 계열의 전원시들이다. 그는 해방후 관계에 나갔다가 이화여대에 교편을 잡기도 하였다.

### 김영랑1903~1950)

김영랑은 죽기 전까지 모두 86편의 시를 남겨 놓은 시인이다. 김영랑의 시는 10대에 경험한 부인의 죽음과 독립운동을 한 혐의로 체포되어 겪은 고초 등으로 비관적인 내용을 아주 섬세한 시어와 감각적인 표현으로 서술하고 있어 한국어의 시적 가치와 예술적 가능성을 실현시켰다는 평을 듣고 있다.

### 노천명(1912~1957)

노천명의 시세계는 유년시절에 대한 그리움과 회상이 근본을 이루는 것으로 보고 있으며, 노천명 시의 두드러진 특징은 섬세하고 청신한 언어로 고독과 향수를 노래하면서 자아와 존재에 대한 성찰을 보여주고 있다. 그러나 그는 불운과 고통 속에서 살았다. 친일 활동과 6·25 전쟁 당시의 부역, 그로 인한 영오의 고통 속에서 지내다 이후 신앙 세계에 몰입하여 생을 마감했다.

### 박인환(1926~1956)

1950년대 대표 예술가 중 한 사람인 박인환은 모더니즘에 깊이 빠진 작가이다. 하지만 그의 시는 모더니즘보다 오히려 서정적인 면모가 더 강하게 나타나고 있다. 이런 특징을 가진 그의 시는 전쟁의 폐허 속에서 느낀 상실감과 불안을 주로 그리고 있다.

# 세월이 가면

2021년 5월 25일

작가 박인환 외

교정 하연정

표지 정수영

펴낸이 서영희 | 펴낸곳 와이 앤 엠

본문인쇄 신화 인쇄 | 제책 세림 제책

주소 120-100 서울시 서대문구 홍은동 376-28

전화 (02)308-3891 | Fax (02)308-3892

E-mail yam3891@naver.com

등록 2007년 8월 29일 제312-2007-00004호

ISBN 979-11-971265-5-0 63710

본사는 출판물 윤리강령을 준수합니다.